Helga Meyer

Vogelhäuschen
Pfiffige Ideen zum Selberbauen

ENGLISCH VERLAG

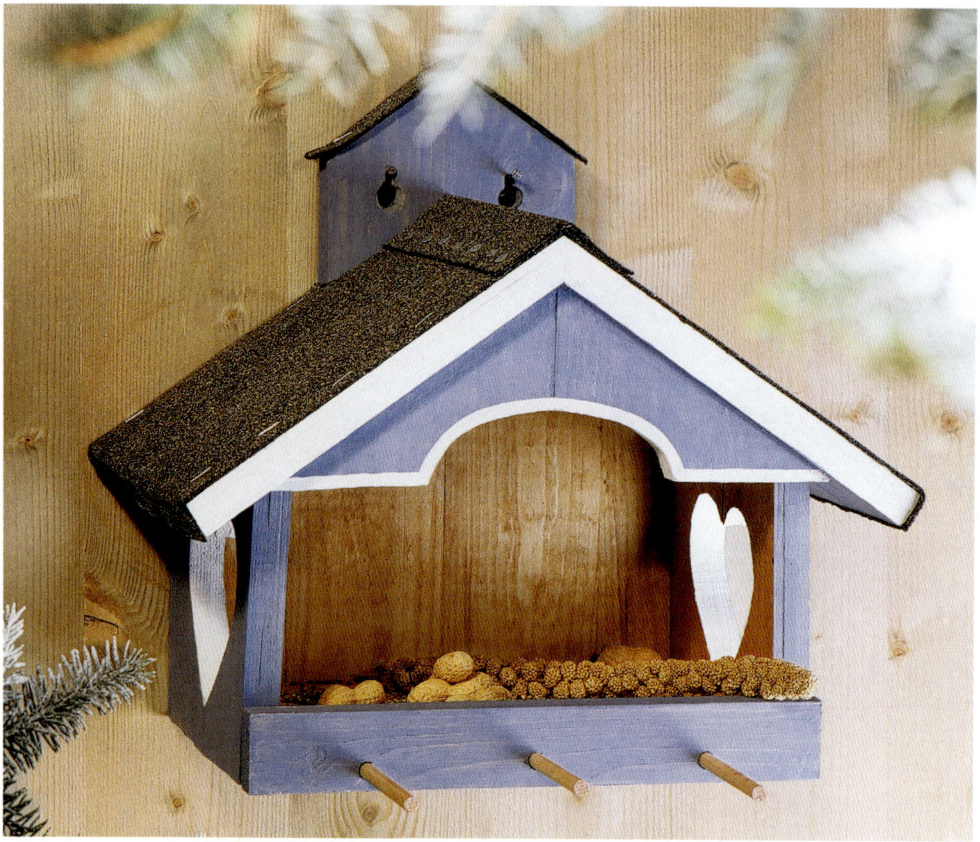

Bibliografische Information der Deutschen Bibliothek. Die Deutsche Bibliothek verzeichnet diese Publikation in der Deutschen Nationalbibliografie; detaillierte bibliografische Daten sind im Internet über http://dnb.ddb.de abrufbar.

© by Englisch Verlag GmbH, Wiesbaden 2002
ISBN 3-8241-1153-5

Fotos: Frank Schuppelius
Herstellung: Michael Feuerer
Printed in Germany

Inhaltsverzeichnis

Vorwort

Liebe Vogelfreunde,

ich freue mich, dass Sie unsere Vögel im Winter füttern und ihnen damit in der kalten, unwirtlichen Jahreszeit das Überleben erleichtern wollen. Das allein ist schon lohnend und macht Freude. Aber viel mehr Spaß macht das Füttern natürlich, wenn man selbst ein schönes Futterhaus gebaut hat und die Piepmätze dann vom Fenster aus beobachten kann.

In diesem Buch stelle ich Ihnen verschiedene Möglichkeiten und Modelle vor. Zunächst finden Sie ein Kapitel mit vielen Ideen und Informationen zum Einrichten von Futterplätzen.

Danach möchte ich Sie bitten, die darauf folgenden allgemeinen Hinweise zu lesen, bevor Sie mit der Anfertigung eines der Futterhäuser beginnen, denn hier finden Sie viele wertvolle Tipps, die für alle Modelle gelten.

Ich wünsche Ihnen gutes Gelingen und viel Spaß beim Beobachten der Vögel!

Ihre Helga Meyer

Tipps rund ums Füttern

Warum füttern?

In erster Linie füttern wir, weil es uns Menschen Freude macht, etwas für die Vögel zu tun und sie aus der Nähe zu beobachten. Neben dem Aufhängen von Nistkästen ist die Winterfütterung die beliebteste Art des Vogelschutzes. Vom Standpunkt des Artenschutzes ist die Fütterung im Winter zwar nicht unbedingt nötig, weil die Vogelarten in unseren Gärten nicht vom Aussterben bedroht sind. Aber natürlich wird es Ihnen jeder einzelne Vogel danken, der Ihre Futterstelle besucht, wenn Sie ihm in der Notsituation geholfen haben!

Wann füttern?

Beginn und Ende der Fütterungssaison richten sich weniger nach dem Kalender als nach der Witterung. Füttern Sie nur bei Dauerfrost, bei Eisregen oder einer geschlossenen Schneedecke. Bei strengem Winterwetter ist die Fütterung den Vögeln eine echte Überlebenshilfe, denn sie verbrauchen viel Energie, um ihre Körpertemperatur von rund 40 °C trotz der Kälte aufrechtzuerhalten. Dann ist es wichtig, dass die Vögel sich auf die von Ihnen eingerichtete neue Futterquelle verlassen können!

Wo füttern?

Damit auch Sie etwas davon haben, stellen Sie das Futterhaus in guter Sichtweite vom Wohnzimmer oder Ihrem Frühstücksplatz auf.

Das Futter muss vor Feuchtigkeit geschützt werden, damit es nicht verdirbt. Freistehende oder hängende Vogelhäuser sollten so breite Dächer haben, dass es nicht hineinregnen oder -schneien kann. Futterhäuser, die weniger Schutz bieten, sollten an einer vom Regen abgewandten Hauswand unter einem Dachvorsprung oder in einem dichten Nadelbaum angebracht werden.

Achten Sie darauf, das Futterhaus nicht neben Büschen, unter denen Katzen sich verstecken könnten, aufzustellen!

Was füttern?

In der warmen Jahreszeit bekommen wir wenig davon mit, wovon sich unsere Vögel ernähren. Wenn wir sie füttern wollen, ist es natürlich gut zu wissen, welches Futter den verschiedenen Vogelarten zusagt. Die Vögel teilen sich in folgende drei Gruppen.

Weichfutterfresser: Zu ihnen gehören Amseln, andere Drosselarten wie die durchziehenden Wacholderdrosseln, Rotkehlchen, Zaunkönige, Heckenbraunellen und Stare. Bei mildem Wetter suchen sie sich ihr Futter am Boden. Es besteht hauptsächlich aus Weichtieren, wie z. B. Raupen und Larven; außerdem fressen sie gern Früchte und Beeren.

Am Futterplatz nehmen Weichfutterfresser gern in Rindertalk getränkte Haferflocken und Weizenkleie. Dieses mit tierischem Fett getränkte Weichfutter bietet Ersatz für die tierische Nahrung. Dazu gibt es Rosinen und getrocknete Beeren aller Art; auch ganze Äpfel und Birnen sind begehrt.

Füttern Sie kein kleingeschnittenes Obst, denn Stücke, die gefroren sind, werden ganz geschluckt und liegen den Vögeln wie Eisstücke im Magen. Besser ist es, die Vögel

vom ganzen Apfel picken zu lassen, denn so schlucken sie nur winzige Stückchen, die schnell schmelzen.

Körnerfresser: Zu ihnen gehören die Buchfinken, Grünfinken, Spatzen, Stieglitze und Dompfaffen.
Sie ernähren sich von Getreide- und Wildkräuter- samen, die sie mit ihrem kräftigen Schna- bel zerbeißen.
Für Körnerfresser wer- den am gut überdach- ten Futterplatz Son- nenblumenkerne, Ge- treidekörner, Hirse, Mohn-, Hanf- und Wildsamen ausge- streut.

Gemischtfresser: Zu ihnen gehören Blaumeisen, Kohlmeisen, Kleiber, Spechte sowie im Winter durchziehende Zeisige und Goldhähnchen.
Sie sind es gewohnt, kopfüber im Geäst herumzuturnen und dort nach Insekten und Larven zu picken.
Im Winter stellen sich diese Insektenfresser am Futterplatz auf Sonnenblumenkerne und andere ölhaltige Samen um, die viel Ei- weiß und Fett enthalten. Als Ersatz für die tierische Nahrung benötigen sie zusätzlich tierische Fette. Daher servieren wir ihnen ein Fettfuttergemisch, das wir ihnen als Meisenknödel oder in anderer Form anbie- ten. Zusätzlich lieben sie Erdnüsse und Bucheckern, die sie selbst aufpicken, sowie

alle Arten von Nüssen, die wir für sie aufknacken.

Fettfutter selbst herstellen

Für Weichfutterfresser wird Rindertalk aus der Schlachte- rei in der Pfanne aufgelöst und Haferflocken und Weizenkleie dazuge- geben, bis alles Fett aufgesogen ist. Für Gemischt- fresser wer- den Son- nenblumen- kerne, verschiedene ölhaltige Samenkörner und zerkleinerte Erd- nüsse in einem Verhält- nis etwa eins zu eins mit geschmolzenem Rinder- talk gemischt.
Die Masse wird zu Knödeln geknetet und in Futterglocken oder andere Gefäße gefüllt. Man kann sogar auch Astlöcher damit füllen.

Tipp: Erhitzen Sie den Talg nur wenig über den Schmelzpunkt, denn darüber beginnt er unangenehm zu riechen!

Sauberkeit

Verschmutztes Futter kann Krankheiten, z. B. Salmonellose, auslösen, an denen mehr Vögel zugrunde gehen als am Hunger! Die Krankheitserreger werden mit dem Kot ab- gesetzt und durch verschmutzte Nahrung aufgenommen.
Verschimmeltes Futter ist giftig. Die Futter- stellen müssen deshalb regelmäßig gerei- nigt werden.

Baumaterialien

Sperrholz: Sein Vorteil liegt darin, dass es leicht zu verarbeiten ist und sich beim Nageln nicht spaltet. Für die Futterhäuser habe ich eine Stärke von 15 mm verwendet, für manche Details auch dünneres Sperrholz. Es ist wichtig, wasserfest verleimtes Sperrholz zu verarbeiten, weil Sie sonst nicht lange Freude an Ihrem Werk haben. Modelle, die in diesem Buch aus Massivholz gearbeitet sind, können Sie genauso gut auch aus 19 mm starkem Sperrholz anfertigen (19 mm entspricht der Materialstärke des Massivholzes).

Massivholzbretter: Geeignet sind Bretter mit Nut und Feder. Massivholz ist preisgünstiger als Sperrholz und hat eine schönere Holzmaserung. Achten Sie beim Kauf darauf, dass die Bretter nicht verzogen sind. Verleimen Sie die Bretter per Nut und Feder zu einer Fläche, aus der Sie dann die Einzelteile für Ihr Haus zuschneiden.

Leisten und Rundstäbe werden für einige Modelle benötigt. Leisten gibt es in allen erdenklichen Maßen hauptsächlich aus Nadelholz, Rundstäbe häufig auch aus Buchenholz.

Nägel: Benutzen Sie verzinkte Nägel, damit sie nicht rosten; das Gleiche gilt für **Krampen.**

Holzleim: Hier sollten Sie die wasserfeste Sorte wählen. Durch das Leimen können Holzteile, die beim Nageln leicht verrutschen würden, vorher fixiert werden. Geleimte Verbindungen erhalten durch zusätzliches Nageln noch mehr Stabilität.

Dachpappe schützt das Dach vor Verwitterung. Wer keine Reste von Dachpappe zur Verfügung hat und keine ganze Dachpappe-Rolle kaufen will, kann beim Dachdecker nach Resten fragen. Es gibt außerdem in Bastelläden Dachpappe in kleinen Mengen. Zum Schneiden sollten Sie eine alte, aber kräftige Schere verwenden.

Kupferfolie gibt es in dünner Qualität von 0,1 mm für Prägearbeiten im Bastelladen (im Format DIN A4 und DIN A3 und auf Bestellung auch 60 cm breit von der Rolle!). Außerdem gibt es Kupferblech in dickerer Qualität beim Klempner und Dachdeckerbedarf.
Übrigens sollten bei Kupfer keine verzinkten Nägel oder Tackerklammern benutzt werden (weil sich die beiden Metalle nicht vertragen und korrodieren), sondern Kupfer- oder Messingnägel.

Eine **Schilfmatte** wird zum Dachdecken in Strohdachoptik benutzt. Sie ist rollenweise in Gartencentern erhältlich.

Draht wird z. B. für Aufhängebügel benötigt. Er sollte zum Schutz vor Rost verzinkt oder mit Plastik ummantelt sein. Ziehen Sie ein Stück **Plastikschlauch** über den Drahtbügel, wenn das Futterhaus an einem Ast aufgehängt werden soll. So wird die Rinde geschützt.

Scheiben für Futtersilos können aus Glas oder Acryl sein. Sie werden vom Glaser passend zugeschnitten. Die Unterkante der Scheibe sollte geschliffen sein, damit sich die Vögel nicht den Schnabel verletzen.

Werkzeuge

Lineal und Winkel, am besten aus Stahl, werden zum Anzeichnen der Schnittteile auf dem Holz benutzt.

Sägen: Wenn man die Handarbeit liebt, kommen der Fuchsschwanz für gerade Schnitte und die Laubsäge für Rundschnitte in Frage. An motorisierten Sägen kommen die vielseitige Stichsäge für gerade und runde Schnitte in Frage sowie – wenn vorhanden – eine Bandsäge für gerade Schnitte und große Rundungen, außerdem eine Decoupiersäge für kleine Rundschnitte. Für Schrägschnitte, wie sie z. B. an Seitenwänden unterhalb des Daches vorkommen, wird die Fußplatte bzw. der Sägetisch im gewünschten Winkel (z. B. 45°) schräg gestellt.

Eine **Raspel** wird zum massiven Wegnehmen von Holz benutzt, z. B. zum manuellen Anschrägen von Schnittflächen, eine **Feile** zum Glätten von Schnittflächen, **Sandpapier** zum Glätten von Schnittflächen und größeren Oberflächen.

Ein **Hammer** wird zum Zusammennageln der Holzteile gebraucht.

Der **Tacker** dient zum Befestigen der Dachpappe. Verwenden Sie verzinkte Klammern, die nicht rosten. Falls Sie Klammern aus Kupfer finden können, sollten Sie sie für Kupferdächer benutzen.
Übrigens: Auch aufklappbare Bürohefter sind zum Tackern auf Holz geeignet.

Zangen: Es genügen ein Seitenschneider zum Abschneiden und eine Rundzange zum Biegen von Draht. Eine Kneifzange hilft, Nägel herauszuziehen.

Hilfreiche Tipps

Größe der Schnittteile:
Alle Schnittteile, die nicht ausdrücklich als originalgroß bezeichnet sind, müssen vergrößert werden. Sie können die Schnittteile nach den Maßangaben im Schnittplan direkt auf dem Holz anzeichnen, oder Sie können die Vorlagen mit dem Fotokopierer auf 200 % vergrößern und dann als Schablonen verwenden.

Schablonen vom Schnittteil anfertigen:
Originalgroße Schnittteile können Sie als Schablone benutzen. Kopieren Sie die Vorlage, kleben Sie sie mit einem Klebestift auf Karton und schneiden sie aus. Benutzen Sie die Schablone zum Anzeichnen der Schnittteile auf dem Holz.

Nägel sollten Sie zunächst nicht ganz einschlagen. Falls Sie sich vertan haben, können Sie sie so leichter wieder herausziehen.

Erst wenn alles gut passt, schlagen Sie die Nägel ganz hinein.

Wenn Sie in eine Schnittkante nageln wollen, hilft es, mit der Laufrichtung der Kante zu peilen, ob der Nagel senkrecht sitzt, denn sonst besteht die Gefahr, dass er seitlich aus der Holzplatte heraustritt.

Massivholz spaltet sich beim Nageln leicht. Um dies zu verhindern, schlägt man die Nägel auf einer Eisenfläche stumpf, dann ist die Spaltwirkung aufgehoben.

Für **Stichsägen** gibt es praktische **Sägetische,** die an einer Arbeitsplatte befestigt werden können. Die Stichsäge wird kopfüber unter dem Sägetisch montiert, sodass nur das Sägeblatt herausguckt. Auf diese Weise ist die Schnittführung besonders bei kleinen Werkstücken und bei Rundschnitten besser sichtbar.

Innenausschnitte, wie z. B. Herzen oder Blattformen, werden mit der Schablone angezeichnet. Ein Loch wird in die Mitte gebohrt, und von da ausgehend wird der Ausschnitt mit der Stichsäge oder der Laubsäge ausgesägt. Spitze Ecken werden von zwei Seiten her gesägt.

Schrägschnitte, wie sie z. B. an Seitenwänden unterhalb des Daches vorkommen, werden mit schräg gestellter Fußplatte bzw. Sägetisch ausgeführt. Falls sich das Sägeblatt Ihrer Maschine nicht schräg stellen lässt, schrägen Sie die Kante mit der Raspel ab. Dazu ziehen Sie dort eine Hilfslinie, wo die Schrägung enden soll, und raspeln so lange Holz weg, bis die Linie erreicht ist.

Trotz aller Sorgfalt passiert dem Bastler ab und an ein kleines Missgeschick. Hier hilft **Holzkitt,** um den Fehler ungeschehen zu machen. Feuchten Sie die Holzfläche an, tragen den Holzkitt mit einem kleinen Spachtel oder Schälmesser auf und überschleifen alles nach dem Trocknen leicht.

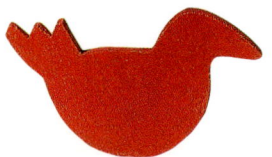

Bemalung

Wahl der Farbigkeit: Weil Vögel ein Teil der Natur sind und mit ihrer wachen Wahrnehmung sehr stark auf Farben reagieren, habe ich keine grellbunten Farben, sondern warme gedeckte Farbtöne für die Futterhäuser ausgewählt.

Um sie trotzdem lebendig zu gestalten, habe ich bei vielen Modellen ein einfaches Stilmittel angewandt: Ich habe die Kanten mit einer zweiten Farbe abgesetzt.

Vorbereitung: Bei der Verwendung von Acrylfarben ist zwar keine Grundierung nötig, um das Schleifen der Holzoberfläche kommen Sie aber nicht herum. Dazu befeuchten Sie das Holz mit einem Schwamm mit warmem Wasser. Nachdem es getrocknet ist, werden Sie feststellen, dass es sich rau anfühlt, denn durch die Feuchtigkeit haben sich die Holzfasern aufgerichtet. Die Fasern schleifen Sie nun „gegen den Strich" ab. Auf den Schnittkanten des Sperrholzes zieht die Farbe stark ein. Wenn man die Kanten dünn mit einer Holzkitt-Wasser-Mischung bestreicht, bleibt die Farbe besser sichtbar.

Farben: Die hier vorgestellten Vogelhäuser sind mit Acrylfarben angemalt. Wählen Sie eine gute, wetterfeste Qualität. Es genügen kleine Mengen, denn Acrylfarben sind sehr ergiebig. Der Vorteil dieser Farben liegt darin, dass sie mit Wasser verarbeitet werden, aber wasserfest auftrocknen. Sie riechen nicht so stark wie Kunstharz-Lackfarben, es ist keine Grundierung nötig und die Pinsel lassen sich mit Wasser auswaschen. Sie können sie untereinander zu vielfältigen geschmackvollen Farbtönen vermischen. Außerdem lassen sie sich mit viel Wasser verdünnt lasierend, das heißt durchscheinend, auftragen, was auf Nadelholz sehr schön aussieht, oder sie lassen sich deckend auftragen.

Pinsel: Zum flächigen Anstreichen eignet sich ein normaler flacher Haushaltspinsel von 3–5 cm Breite. Für das Absetzen der Schnittkanten mit einer zweiten Farbe benutzt man einen flachen Haarpinsel von ca. 1,5 cm Breite. Für die Schablonenmalerei gibt es spezielle Stupfpinsel.

Fenster in Schablonenmalerei:
Für die Schablonenmalerei brauchen Sie feste Acetatfolie (ersatzweise das Deckblatt eines Schnellhefters), einen Stupfpinsel oder einen Pinsel mit kurzen Borsten sowie die originalgroße Vorlage.
Die Arbeit erfolgt in zwei Schritten:
1. Legen Sie die Folie auf die Vorlage, und zeichnen Sie die äußere Umrandung des Fensters mit einem Permanentmarker durch.

Schneiden Sie die Innenfläche mit einem Cutter heraus. Befestigen Sie die Schablone mit Klebstreifen auf der gewünschten Position. Dann füllen Sie die gesamte Fläche mit weißer Farbe aus. Benutzen Sie die Farbe unverdünnt, und gehen Sie sehr sparsam damit um, sonst läuft sie unter die Schablone. Lieber zweimal wenig Farbe als einmal zuviel!
2. Zeichnen Sie auf einem zweiten Stück Folie sowohl die äußere Umrandung des Fensters als auch die Umrisse der Scheiben durch. Schneiden Sie diesmal jedoch nur die Flächen der Scheiben heraus. Mit Hilfe der äußeren Linie können Sie die zweite Schablone korrekt positionieren. Nun füllen Sie die Flächen der Scheiben mit Dunkelbraun oder Schwarz aus. Sie erhalten ein Sprossenfenster.

Versiegelung: Nachdem das Futterhaus mit allen Details fertig bemalt ist, wird es zum Schutz mit Acryl-Klarlack versiegelt. Ob Sie matten oder glänzenden Lack wählen, ist Ihrem Geschmack überlassen.

Vogelhäuschen mit Pfiff

Rotes Häuschen

Material

- ✦ Brett mit Nut und Feder, 2,70 m lang, mindestens 9 cm breit, 19 mm stark
- ✦ Nägel
- ✦ Dachpappe
- ✦ Draht
- ✦ Stück Schlauch
- ✦ Rundstäbe
- ✦ Acrylfarben in Karminrot, Braun und Graugrün
- ✦ Klarlack

Anleitung

Dieses hübsche kleine Häuschen für Körner und Weichfutter ist einfach herzustellen. Es ist relativ leicht und daher gut zum Aufhängen an einem Ast geeignet. Das abgebildete Futterhaus ist aus einem Massivholzbrett mit Nut und Feder angefertigt. Halbieren Sie das Brett, leimen Sie die zwei Hälften mit wasserfestem Holzleim zusammen, und schneiden Sie die Einzelteile dann daraus zu. Sie können das Haus auch aus wasserfest verleimtem Sperrholz bauen.

Sägen Sie die beiden Giebelwände, die Rückwand und die Bodenplatte nach den Maßen im Schnittplan zu. Die Oberkante der Rückwand wird im Winkel von 45° nach außen hin schräg abgesägt.

Übertragen Sie die Blattform mit Hilfe der originalgroßen Vorlage auf die Giebelwände, und sägen Sie die Blattform aus. Dazu wird ein Loch in die Mitte des Blattes gebohrt und von dort ausgehend der Ausschnitt mit der Stichsäge ausgesägt. Nageln Sie erst die Rückwand auf die Kante der Bo-

denplatte, dann die beiden Giebelwände. In die Vorderkante des Bodens werden zwei Löcher (ca. 8 mm Durchmesser) für Sitzstangen vorgebohrt (fertiges Unterteil siehe Zeichnung).

Nun sägen Sie die beiden Dachhälften laut Schnittplan zu. Dabei ist eine Dachhälfte um die Materialstärke breiter als die andere. Nageln Sie die breite Dachhälfte A auf die Oberkante der schmalen Hälfte B (siehe Zeichnung). Die Außenflächen werden mit lasierender, mattroter Acrylfarbe angemalt (Karminrot mit etwas Braun vermischt). Die Schnittkanten werden mit Graugrün abgesetzt, das Blatt wird zusätzlich 4 mm breit mit Graugrün umrandet. Abschließend wird das Haus zum Schutz mit Klarlack überzogen.

Nach dem Bemalen setzen Sie das Dach mittig auf das Unterteil und nageln es fest. Ein Stück Dachpappe wird mit einiger Zugabe zugeschnitten, entlang der Firstlinie leicht vorgeknickt, auf dem Dach ausgerichtet und festgetackert. An den Giebelseiten schneiden Sie die Dachpappe kurz ab, an den Längsseiten dagegen knicken

Sie sie um und tackern sie auf der Schnittkante des Dachholzes fest.

Nun schlagen Sie für die Aufhängung vier Krampen ins Dach. Da das Haus an einer Seite offen ist, liegt sein Schwerpunkt nicht mittig, sondern etwas nach hinten versetzt. Die Krampen werden daher auch etwas nach hinten versetzt angebracht. An den Krampen befestigen Sie zwei Bügel aus Draht und fädeln ein Schlauchstück zum Schutz darauf. Zum Schluss werden die Sitzstangen aus Buchenrundstäben oder Zweigstücken in die vorgebohrten Löcher eingeleimt.

Blaues Futterhaus für die Wand

Material

+ 2 Bretter mit Nut und Feder, 2,7 m lang, 19 mm stark, mindestens 9 cm breit
+ Nägel
+ Holzleim
+ Rundstäbe
+ Dachpappe
+ Dachpappnägel
+ Bohrer, ⌀ 8 mm
+ Acrylfarben in Graublau und Weiß
+ Klarlack

Anleitung

Dieses Futterhaus wird an zwei Haken an der Hauswand montiert. Es hat zur leichteren Säuberung eine abnehmbare Vorderleiste. Das blaue Futterhaus ist aus Massivholzbrettern angefertigt (es kann auch aus wasserfest verleimtem Sperrholz gebaut werden). Halbieren Sie die beiden Bretter, und verleimen Sie die vier Teile per Nut und Feder zu einer Fläche, aus der Sie dann die Einzelteile für das Haus zuschneiden.

Sägen Sie zuerst die Rückwand laut Schnittplan aus, ebenso die Bodenplatte und die zwei Seitenteile mit den herzförmigen Ausschnitten.

Bohren Sie zwei Löcher zur Aufhängung in den hochgezogenen Giebel. Die Oberkanten der Seitenteile werden im Winkel von 55° nach außen hin abgeschrägt.

Zeichnen Sie die Herzen mit Hilfe der originalgroßen Schablone auf dem Vorlagebogen auf, bohren Sie ein Loch in die

Mitte des Herzens, und sägen Sie von da ausgehend den Ausschnitt mit der Stichsäge aus.

Nageln Sie die vorbereiteten Seitenteile auf die Kanten der Bodenplatte. Danach nageln Sie die Rückwand auf die Kanten der Bodenplatte und Seitenteile (fertiges Unterteil siehe Zeichnung).

Nun folgt das Dach. Sägen Sie die beiden Dachhälften entsprechend dem Vorlagebogen zu. Da die Dachschrägung bei diesem Haus nicht rechtwinklig ist, müssen Sie die Oberkanten, die den First bilden, im Winkel von 55° nach innen hin abschrägen. An der Rückseite des Daches wird jeweils ein schmaler Streifen als Aussparung für den hochgezogenen Giebel abgeschnitten.

Schließlich wird der vordere Giebel nach den Maßen im Schnittplan zugesägt. Zeichnen Sie die Position des Giebels auf den Innenseiten der Dachhälften an, und leimen Sie beide Dachhälften auf den Giebel. Wenn der Leim getrocknet ist, werden zusätzlich einige Nägel in den First und den Giebel geschlagen.

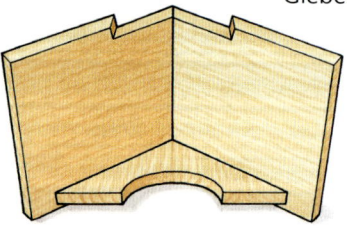

(Die Zeichnung zeigt das fertige Dach von der Rückseite gesehen.)

Das Unterteil wird abschließend mit einer abnehmbaren Leiste vervollständigt. Befestigen Sie die Leiste provisorisch mit zwei kleinen Stiften auf der Vorderkante der Bodenplatte. Bohren Sie drei Löcher mit 7 mm ⌀ durch die Leiste hindurch in die Bodenplatte. Nehmen Sie die Leiste wieder ab, und erweitern Sie die Löcher mit einem 8-

mm-Bohrer. Spitzen Sie die Rundstäbe etwas an, leimen sie in die Löcher am Boden und stecken die Leiste lose darauf.

Die Außenseiten dieses Modells werden mit lasierender graublauer Acrylfarbe angemalt, die Kanten am Giebel und an den Herzausschnitten werden mit Weiß abgesetzt. Zusätzlich wird das Haus zum Schutz mit mattem Klarlack überzogen.

Nun wird das Dach auf das Unterteil gesetzt, festgenagelt und mit Dachpappe gedeckt. Die Dachpappe wird für jede Dachhälfte einzeln passend zugeschnitten. An den Giebelseiten schneiden Sie die Dachpappe kurz ab, an den Längsseiten knicken Sie sie um und tackern sie rundum fest. Über dem First wird zusätzlich ein breiter Streifen mit Dachpappnägeln festgenagelt.

Futterhaus mit Pyramidendach

Material

- ✦ Sperrholz, 15 mm stark, 38 x 25 cm
- ✦ Sperrholz, 8 mm stark, 25 x 105 cm
- ✦ Leiste, 36 x 36 mm, 80 cm lang.
- ✦ Nägel
- ✦ Holzleim
- ✦ Rundstab, ∅ 8 mm
- ✦ Dachpappe
- ✦ Kupferfolie, ca. 14 x 27 cm
- ✦ kleine Messingnägel
- ✦ Schneidlade
- ✦ Acrylfarben in Graugrün und Weinrot
- ✦ Klarlack

Anleitung

Dieses elegante Futterhaus ist für alle Arten von Körner- und Weichfutter gedacht. Es wird auf einen Pfosten montiert.

Sägen Sie zuerst die quadratische Bodenplatte aus 15 mm starkem Sperrholz zu. Bohren Sie einige Abflusslöcher in den Boden. Sägen Sie außerdem die beiden kurzen und die beiden langen Seitenteile aus 8 mm starkem Sperrholz zu. Sie können sie mit Hilfe der originalgroßen Vorlage anzeichnen. Nageln Sie die Seitenteile rundum an die Kanten des Bodens. In die Seitenteile werden in Höhe der Bodenplatte 8 mm große Löcher für Sitzstangen vorgebohrt. Für die Säulen, die das Dach tragen sollen, werden von einer 36 mm starken quadratischen Leiste vier Stücke von 19 cm Länge abgesägt. Alle Leisten müssen an einem Ende zweifach schräg abgesägt werden. Dazu benutzt man eine Schneidlade. Mit dem ersten Schnitt sägen Sie die Spitze im Winkel von 45° ab. Beim zweiten Schnitt legen Sie die Leiste mit der Schrägung nach

oben in die Scheidlade und sägen sie wieder im Winkel von 45° ab (siehe Zeichnung).

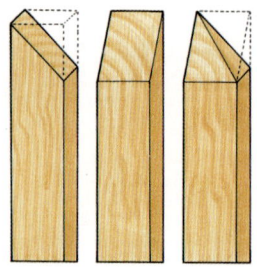

Nun werden die vier Säulen mit den Spitzen nach innen in die vier Ecken des Bodens geleimt und genagelt (fertiges Unterteil siehe Zeichnung).

Nun folgt das Dach. Sägen Sie die vier Dachelemente laut Vorlagebogen aus 8 mm starkem Sperrholz zu. Achten Sie darauf, dass der obere Winkel 71° beträgt! Die Kanten A und B werden mit der Raspel etwas nach innen hin abgeschrägt. Da so ein pyramidenförmiges Dach nicht ganz einfach zu handhaben ist, bedienen wir uns hier einer kleinen Hilfskonstruktion. Sie besteht aus zwei rechtwinkligen Dreiecken, die mit Hilfe von Schlitzen kreuzweise zusammengesteckt und verleimt werden. Die einzelnen Dachelemente werden auf dieser Hilfskonstruktion befestigt.

Schlagen Sie zuerst in jedes Dachelement entlang der Mittellinie zwei Nägel, und las-

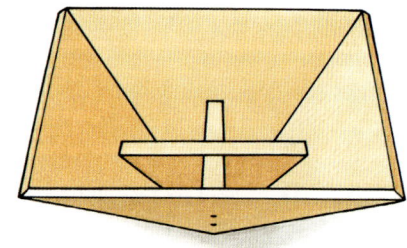

sen Sie deren Spitzen innen 1 mm herausragen. Dann richten Sie die Dachelemente eines nach dem anderen auf der Hilfspyramide aus und schlagen die Nägel in die Hilfskonstruktion (Dach von unten gesehen siehe Zeichnung).

Vor dem Zusammenbauen werden alle Flächen bis auf die Oberseite des Bodens mit graugrüner Acrylfarbe gestrichen. Die Schnittkanten der Seitenteile werden mit Weinrot abgesetzt. Danach werden das Haus und der Boden mit Klarlack versiegelt.

Nach dem Bemalen setzen Sie das Dach auf das Unterteil.

Die vier Ecken des Daches, die bislang noch etwas instabil waren, werden nun mit Nägeln an den Säulen fixiert.

Das Dach wird mit Dachpappe gedeckt. Schneiden Sie vier einzelne Dreiecke passend zu und tackern sie fest. Die Nähte werden abschließend mit 3 cm breiten Streifen aus Kupferfolie abgedeckt. Knicken Sie die Kupferfolie vor, und befestigen Sie sie mit kleinen Messingnägeln.

17

Futtersilo mit abnehmbarem Strohdach

Material

- ✦ Sperrholz, 15 mm stark, 72 x 30 cm
- ✦ Sperrholz, 10 mm stark, 35 x 40 cm
- ✦ Sperrholz, 5 mm stark, 15 x 20 cm
- ✦ Leiste für Scheiben, 10 x 5 mm, 75 cm
- ✦ 2 Glas-/Acrylscheiben, 17 x 25 cm, Unterkante geschliffen
- ✦ Leiste für Strohdach, 20 x 5 mm, 70 cm
- ✦ Holzleim, Nägel
- ✦ Teerpappe
- ✦ Schilfmatte
- ✦ Acrylfarben in Dunkelgrün und Weiß
- ✦ Klarlack

Anleitung

Dieses Futterhaus hat es in sich. Es ist mit einem Vorratssilo ausgestattet, in dem ein ganzes Kilo Körnerfutter Platz findet. Das Dach ist zum Nachfüllen des Silos abnehmbar. Sägen Sie die beiden Giebelwände aus 15 mm starkem Sperrholz zu, ebenso die Bodenplatte und die beiden Seitenteile. Sie finden die Giebelwand als originalgroße Schablone auf dem Vorlagebogen.
Bevor Sie die Teile zusammensetzen, bringen Sie an den Giebelwänden die Halterungen an, die später die Glasscheiben des Silos halten sollen. Sie können deren Position mit Hilfe der Schablone auf das Holz übertragen, indem Sie sie mit einer Pinnnadel durchstechen. Sägen Sie für jede Seite zwei schmale Leisten und ein Dreieck aus dünnem Sperrholz zu, und nageln Sie diese auf die Innenseiten. Darunter befestigen Sie ein 1 cm hohes Abstandsklötzchen. Bohren Sie in die Bodenplatte einige Abflusslöcher.

Nageln Sie die Giebelwände nun auf die Kanten des Bodens. Die Längsseiten der Bodenplatte müssen mit einer Raspel nach unten hin leicht abgeschrägt werden, sodass sie mit den Giebelwänden abschließen. Danach werden auch die Seitenteile festgenagelt (fertiges Unterteil siehe Zeichnung). Nun können Sie die Scheiben probeweise in die Führungen schieben und Futter ins Silo füllen. Dank der Abstandsklötzchen kann das Futter unter den Scheiben herausrieseln. Nun folgt das Dach. Sägen Sie die zwei Dachhälften aus 10 mm starkem Sperrholz zu, ebenso die zwei Winkelstücke aus 15 mm starkem Sperrholz (originalgroße Vorlage im Vorlagebogen). Bevor Sie das Dach zusammensetzen, müssen Sie die Oberkanten, die den First bilden, nach innen hin in einem Winkel von 55° abschrägen. Dann zeichnen Sie die Position der Winkelstücke auf den Innenseiten der Dachhälften an und leimen beide Dachhälften auf die Winkelstücke. Sie sollen genau zwischen die Giebelwände passen. Nachdem der Leim getrocknet ist, werden die Winkelstücke zusätzlich mit einigen Nägeln fixiert. Wenn man das Dach auf das Unterteil setzt, greifen die zwei Winkelstü-

cke zwischen die Giebelwände und hindern das Dach am Verrutschen.

Streichen Sie das Unterteil und die Innenseite des Daches mit dunkelgrüner Acrylfarbe an. Die Kanten werden mit Beige abgesetzt. Danach werden die Fenster mit Hilfe von zwei Schablonen auf die Giebelwände gemalt (siehe Hilfreiche Tipps). Zuletzt wird das Haus mit mattem Klarlack überzogen.

Zum Schluss wird das Dach mit Stroh gedeckt. Um das Dach gegen Nässe zu schützen, wird zunächst eine Lage Teerpappe auf das Dach getackert. Danach wird das Dach mit einer Schilfmatte (aus dem Gartencenter) bedeckt. Die Schilfmatte wird großzügig zugeschnitten. Da die Halme leicht verrut-

schen, ist es hilfreich, sie vor dem Schneiden mit Klebstreifen zu fixieren. Die Matte wird in der Mitte geknickt (Halme entlang der Mittellinie mit der schmalen Hammerseite flach klopfen) und über den Dachfirst gebogen. Genauso verfährt man mit einer zweiten Lage. Sie werden feststellen, dass das Schilf recht widerspenstig ist. Die beste Methode, es zu bändigen, besteht darin, die Schilfmatte mit Hilfe einer flachen Leiste (in die vorher Nägel geschlagen wurden) auf das Dach zu pressen und festzunageln. Überschüssige Halme werden entfernt, die Drahtenden werden verdreht und auf der Unterseite um Nägelchen geschlungen. Zuletzt werden die Halme in gerader Linie abgeschnitten.

19

Schlemmerpalast

Material

✦ Sperrholz, 15 mm stark, 40 x 200 cm
✦ Sperrholz, 20 mm stark, 40 x 47 cm
✦ Leisten für Silo, 10 x 5 mm, 1,10 m lang
✦ Leisten für Geländer, je 2,10 m lang,
  20 x 13 mm und 13 x 13 mm
✦ Kupferfolie, mindestens 0,1 mm stark,
  55 x 60 cm und kleine Kupfer- oder
  Messingnägel mit Kopf
✦ 2 Glas- oder Acrylscheiben, 14,8 x 26 cm,
  Unterkante geschliffen
✦ Holzleim, Nägel
✦ Acrylfarben in Schilfgrün und Weiß
✦ Klarlack

Anleitung

Der Schlemmerpalast ist mit seinen vier seitlichen Futterfächern und zwei Silos ein wahres Prachtstück. Dieses Modell ist zugegeben etwas aufwändiger, weil es viele Details hat. Es erfordert daher auch ein paar zusätzliche Arbeitsschritte, die aber jeder für sich einfach sind.

Der Schlemmerpalast hat ein einfaches Grundgerüst, das nach einem Steckprinzip zusammengesetzt wird. Sägen Sie zuerst das Mittelteil nach den Maßen im Vorlagebogen zu, danach die zwei hohen Seitenwände. Diese drei Teile sind mit Schlitzen versehen, die Sie möglichst genau aussägen sollten, damit sie gut zusammenpassen. Die Oberkanten der Seitenwände werden im Winkel von 45° nach außen hin abgeschrägt.

Sägen Sie nun die vier niedrigen Seitenwände zu. Je zwei dieser Seitenwände werden an die äußeren Enden der hohen Seitenwände geleimt und genagelt. So entstehen die zwei Seitenelemente (siehe Zeichnung). Wenn Sie nun die Seitenelemente probeweise auf das Mittelteil stecken, entsteht das Grundgerüst (siehe Zeichnung).

Nehmen Sie die Seitenelemente aber noch einmal heraus, um die Halterungen für die Silos anzubringen. Nageln Sie je zwei Leisten als Führung für die Glasscheiben auf die Innenseiten der hohen Seitenwände. Entnehmen Sie deren Position dem Schnittplan.

Sägen Sie nun die beiden seitlichen Dächer zu. Die oberen Kanten werden im Winkel von 63° nach innen hin abgeschrägt. Legen Sie beide Dächer mittig auf die Seitenschiffe, und nageln Sie sie dort fest.

Nun folgt das abnehmbare Mitteldach.

Sägen Sie die beiden Dachhälften entsprechend dem Vorlagebogen zu, ebenso die beiden Giebel. Zeichnen Sie an den Dachhälften innen die Position der Giebel an. Sie werden innen auf die Dachhälfte A geleimt,

danach wird die Dachhälfte B hinzugefügt. Wenn der Leim getrocknet ist, werden die Verbindungen zusätzlich mit Nägeln fixiert (fertiges Mitteldach siehe Zeichnung).

Erst jetzt erhält das Haus seinen Boden. Die Bodenplatte wird nach den Maßen auf dem Vorlagebogen aus 20 mm starkem Sperrholz zugesägt, und die Position der Hauswände wird darauf sowohl oben als auch unten angezeichnet. Alle Standflächen des Hauses werden mit Holzleim bestrichen. Dann wird das Haus auf die Bodenplatte gesetzt und passend ausgerichtet. Wenn der Leim gut getrocknet ist, wird das Ganze auf den Kopf gestellt, und die Verbindungen werden entlang der Linien am Boden zusätzlich vernagelt. Der Schlemmerpalast wird rundum mit schilfgrüner Acrylfarbe gestrichen. Danach werden alle Schnittkanten des Hauses mit Weiß abgesetzt und die Fenster mit Hilfe von zwei Schablonen aufgemalt (siehe Hilfreiche Tipps). Die Leisten für das Gitter werden schon vorab weiß gestrichen. Zuletzt wird alles mit Klarlack versiegelt.

Geländer

Das Geländer besteht aus einer Leiste in der Stärke der Bodenplatte (13 x 20 mm) und einer schmäleren (13 x 13 cm). Von der breiten Leiste schneiden Sie zwei 38 cm lange Stücke zu und nageln sie auf die vordere und hintere Schnittkante des Bodens. An die vier Ecken setzen Sie 5,5 cm hohe Eckpfeiler, die mit den soeben festgenagelten Leisten abschließen. Für die Seiten schneiden Sie passende Stücke zu und nageln sie fest. Von den schmalen Leisten schneiden Sie zwei 40,6 cm lange und zwei 46 cm lange Stücke zu und nageln sie auf die Eckpfeiler (siehe Zeichnung). Außerdem schneiden Sie zehn kleine Stücke von 3,5 cm zu, die zur Zierde senkrecht ins Geländer genagelt werden.

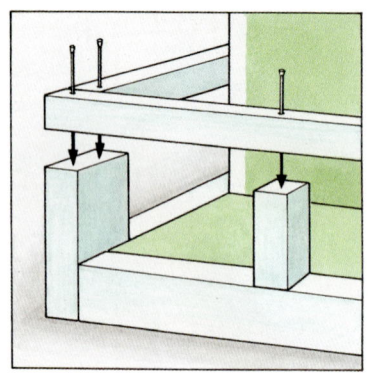

Kupferdach

Das Dach wird mit Kupferfolie gedeckt. Schneiden Sie die Folie rundum mit 1,5 cm Zugabe zu. An den beiden Giebelseiten soll das weiße Dachholz sichtbar bleiben. Daher knicken Sie den Überstand dort nach innen (das ergibt einen schöneren Abschluss als eine Schnittkante) und nageln die Kupferfolie am Rand fest. Die seitlichen Schnittkanten des Daches sollen vom Kupfer bedeckt sein. Knicken Sie die Folie um und nageln sie dort fest.

Wenn Sie mögen, können Sie kleine Haken für Meisenknödel über die Rundbögen am Giebel schrauben und Löcher für Apfelspieße in den Boden bohren. Zuletzt schieben Sie die Scheiben in die Führung. Die untere Schnittfläche der Scheiben sollte geschliffen sein, damit die Vögel sich nicht den Schnabel verletzen. Nachdem Sie die Silos gefüllt haben, setzen Sie das mittlere Dach auf das Unterteil. Es kann später abgenommen werden, um die Futtersilos nachzufüllen. Der fertige Palast wird auf einen Pfosten montiert.

Tipp: Kupfer verträgt sich nicht mit verzinkten Nägeln. Falls es Ihnen nicht gelingt, kleine Kupfernägel zu bekommen, können Sie kleine Messingnägel verwenden.

Flaschensilo

Material

+ Sperrholz, 15 mm stark, 50 x 70 cm.
+ Kupferfolie, mindestens 0,1 mm stark, 20 x 35 cm
+ kleine Messingnägel mit Kopf
+ Holzleim
+ Nägel
+ Weinflasche
+ Acrylfarben in Karminrot, Braun und Dunkelgrün
+ Klarlack

Anleitung

Das hier abgebildete Modell ist eine ausgefallene Variation des Silos. In diesem Fall wird der Vorrat in eine Flasche gefüllt, aus der die Körner dann langsam herausrieseln. Die Flasche kann ohne Werkzeug zum Nachfüllen entnommen werden.

Sägen Sie die Rückwand und die Seitenwände nach den Angaben auf dem Vorlagebogen aus 15 mm starkem Sperrholz zu. Die Oberkanten der Seitenwände werden im 45°-Winkel nach außen hin abgeschrägt. Zeichnen Sie auf der Rückwand entsprechend dem Vorlagebogen die Position der Zwischenböden an. Für die spätere Aufhängung bohren Sie zwei Löcher in die Rückwand und verbinden sie mit der Stichsäge zu einem Schlitz für einen Haken.

Nageln Sie die zwei Seitenwände auf die Kanten der Rückwand, sodass die Rückwand zwischen den Seiten sitzt (siehe Zeichnung).

Nun werden die drei unterschiedlichen Zwischenböden ausgesägt, eben-

so der kleine Stützwinkel. Für den mittleren Boden finden Sie eine originalgroße Vorlage im Schnittplan. Der obere und der untere Zwischenboden werden an den angezeichneten Positionen zwischen die Seitenwände gesetzt und festgeleimt. Der Stützwinkel wird unter den unteren Boden geleimt. Wenn der Leim getrocknet ist, werden die Teile zusätzlich festgenagelt.

Die Aufhängung der Flasche ist so konstruiert, dass sie für eine Weinflasche mit kurzem Hals (z. B. Bordeaux) passend ist. Sie sollten daher dieselbe Flaschenform benutzen. Da die Größe der Flaschen aber trotzdem etwas variiert, müssen Sie die Position des mittleren Zwischenbodens, der die Flasche hält, selbst ermitteln.

Dazu bringen Sie das Gestell in eine senkrechte Stellung. Der Mittelboden wird lose eingesetzt, die Flasche wird eingehängt und dann wird der Mittelboden so verschoben, dass zwischen Flaschenhals und unterem Boden 1 cm Zwischenraum bleibt (siehe Zeichnung). Markieren Sie die Position des Mittelbodens, und leimen und nageln Sie ihn dort fest.

Nun fehlt nur noch das Dach. Die beiden Dachhälften werden laut Schnittplan zugesägt. Eine Dachhälfte ist um die Materialstärke breiter als die andere. Die breite Dachhälfte wird rechtwinklig auf die Ober-

kante der schmalen Hälfte genagelt (siehe Zeichnung). Nach dem Bemalen wird das Dach mit der Rückwand abschließend auf das Unterteil gesetzt und festgenagelt.

Das Haus wird vor dem Zusammensetzen angemalt, weil die Innenseiten leichter erreichbar sind. Alle Flächen werden mit mattroter Acrylfarbe (Karminrot mit etwas Braun vermischt) angemalt und die Schnittkanten mit Dunkelgrün abgesetzt. Abschließend wird das Haus zum Schutz mit Klarlack überzogen. Schneiden Sie anschließend ein Stück Kupferfolie mit 1,5 cm Zugabe rundum zu und knicken es entlang der Mittellinie vor. Legen Sie die Kupferfolie mittig auf das Dach, knicken Sie den Überstand um, sodass er die Schnittkanten des Daches bedeckt, und nageln Sie ihn mit kleinen Messingnägeln fest. Der First wird zusätzlich mit einem 4 cm breiten Kupferstreifen bedeckt.

Das fertige Futterhaus wird an einem Haken an einer Hauswand aufgehängt. Wählen Sie dafür einen möglichst regengeschützten Ort. Füllen Sie die Flasche mit Körnerfutter, und halten Sie die Öffnung zu, während Sie sie ins Gestell einhängen.

Runde Futtergiebel

Material für ein Modell
- ✦ Brett mit Nut und Feder, 80 cm lang, mindestens 9 cm breit, 19 mm stark
- ✦ Holzleim
- ✦ Nägel
- ✦ Farben
- ✦ Dachpappe
- ✦ Dachpappstifte
- ✦ Schraubhäkchen
- ✦ Schrauböse
- ✦ Acrylfarben in Karminrot, Braun, Hellbraun und Weiß
- ✦ Klarlack

Anleitung
Diese Modelle sind schnell gebaut und bieten eine dekorative Möglichkeit, das Futter vor Regen zu schützen. Die Futtergiebel werden mit Meisenknödeln und aufgefädelten Erdnüssen bestückt und an einem Baum oder Haken frei aufgehängt.

Die abgebildeten Futtergiebel sind aus einem Massivholzbrett mit Nut und Feder angefertigt. Halbieren Sie das Brett, leimen Sie die beiden Hälften mit wasserfestem Holzleim zusammen, und schneiden Sie die Einzelteile daraus zu. Sie können die Futtergiebel auch aus wasserfest verleimtem Sperrholz bauen.

Die zwei Futtergiebel sind nach demselben einfachen System hergestellt, das in der Form variiert wurde. Jeder Giebel besteht aus zwei Teilen, die mit Schlitzen versehen sind und kreuzweise zusammengesteckt werden.

Kopieren Sie die originalgroßen Vorlagen, und verwenden Sie sie als Schablonen. Legen Sie sie so auf das Holz, dass die Naht senkrecht in der Mitte verläuft. Zeichnen Sie die Umrisse und die Schlitze auf, und sägen Sie beide Teile zu. Achten Sie darauf, dass die Schlitze nicht zu weit geraten. Falls sie zu eng sind, erweitern Sie sie mit der Raspel. An dem Teil, das die obere Spitze bildet, wird ein Loch für die später folgende Aufhänge-Öse vorgebohrt. Bestreichen Sie alle Kontakt-flächen beidseitig mit wasser-festem Holzleim, und stecken Sie die beiden Teile kreuzweise zusammen.

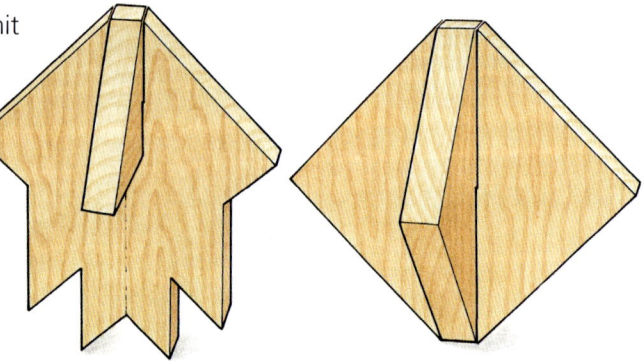

Wenn der Leim getrocknet ist, wird die Verbindung zusätzlich mit einigen Nägeln gesichert (Die Zeichnungen zeigen die zusammengesetzten Holzgestelle).

Die Holzgestelle werden mit verdünnter Acrylfarbe lasierend angestrichen. Das eine rötlich (Karminrot mit etwas Braun vermischt) und das andere karamellfarben (Hellbraun mit Weiß vermischt). Anschließend werden sie mit mattem Klarlack versiegelt. Nun wird das kegelförmige Dach angefertigt.

Schneiden Sie aus Dachpappe einen Kreis mit einem Durchmesser von 32 cm aus und schneiden ihn bis zum Mittelpunkt ein.

Drehen Sie die Dachpappe zu einem Kegel zusammen, und zwar so weit, dass die innere Schnittkante genau gegenüber der äußeren liegt.

Setzen Sie den Kegel so aufs Unterteil, dass die Schnittkanten genau auf den Holzkanten liegen, und nageln Sie das Dach mit Dachpappstiften am Unterteil fest.

Schließlich drehen Sie an den angegebenen Punkten kleine Schraubhaken zum Aufhängen des Futters in das Holz. Außerdem stecken Sie eine mittelgroße Schrauböse durch die Dachspitze und drehen sie senkrecht in das vorgebohrte Loch.

Apfel-Buffet

Material

+ Sperrholz, 15 mm stark, 25 x 40 cm
+ Sperrholz, 8 mm stark, 12 x 20 cm
+ Rundstab, 2,3 cm stark, 18 cm lang
+ Vierkantholz Buche, 3,6 x 3,6 cm, 1 m lang
+ Holzleim
+ Nägel
+ Farben
+ Draht
+ 4 rostfreie Spieße
+ Acrylfarbe in Dunkelbraun
+ Klarlack

Anleitung

Das Apfel-Buffet ist speziell für die Liebhaber von Obst und Beeren gedacht. Es wird besonders die Amseln erfreuen und gelegentlich auch die Wacholderdrosseln, die uns bei starker Kälte in Schwärmen besuchen.

Sägen Sie zuerst die runde Bodenplatte aus 15 mm starkem Sperrholz aus. Zeichnen Sie entsprechend dem Vorlagebogen auf der Oberseite den Mittelpunkt, die Positionen der vier Zierleisten und die Bohrlöcher für die Spieße an. Auf der Unterseite zeichnen Sie die Position der Winkelstücke an. Sie sitzen genau unterhalb der Zierleisten. Sägen Sie ein Stück Rundholz auf 18 cm Länge zu. Bohren Sie an beiden Enden ein senkrechtes Loch von 3 mm Durchmesser hinein, und feilen Sie den Stab oben rund. Bohren Sie ferner die angezeichneten Löcher in die Bodenplatte: ein Loch von 3 mm Durchmesser in die Mitte und vier Löcher von 5 mm Durchmesser für die Spieße. Sägen Sie das Vierkantholz für den Pfosten

etwa 1 m lang zu, und schneiden Sie das untere Ende spitz zu. Nun werden vier Stützwinkel aus 15 mm starkem Sperrholz zugesägt und auf den angezeichneten Positionen auf dem Boden festgeleimt. Vergewissern Sie sich, dass das Vierkantholz des Pfostens genau dazwischen passt. Wenn der Leim getrocknet ist, werden die Winkel zusätzlich von oben mit Nägeln fixiert (Die Zeichnung zeigt die Unterseite des Bodens).

Nun wird der Rundholzstab in der Mitte des Bodens festgeschraubt. Stecken Sie dazu eine Schraube von unten durch das vorgebohrte Loch. Danach werden aus 8 mm starkem Sperrholz die vier schräg zulaufenden Zierleisten gesägt. Leimen Sie die Zierleisten auf die Oberseite des Bodens (Die Zeichnung zeigt die Oberseite des Bodens). Genau unterhalb der Zierleisten werden vier Nägel mit breitem Kopf in den Rand des Bodens geschlagen. Sie sollen etwa 5 mm herausragen.

Nun fehlt nur noch die kleine Vogelfigur. Sie wird nach dem Vorlagebogen aus einem Holzrest zugesägt und von unten her vorgebohrt. Der Vogel wird mit Hilfe eines langen Nagels ohne Kopf auf den Stab gesteckt. Dann wird der fertige Rohling rundum mit dunkelblauer Acrylfarbe angemalt und mit mattem Klarlack überzogen. Zum Dekorieren stellen Sie das Apfel-Buffet in ein Gefäß, damit es nicht umfällt. Für die

Beerengirlanden fädeln Sie Rosinen auf ein Stück rostfreien Draht. In der Mitte lassen Sie eine Lücke und schlingen den Draht um den Nagel, an dem der Vogel befestigt ist. Biegen Sie die Girlande zu einer schönen Bogenform. Die beiden Enden der Girlande werden an zwei gegenüberliegenden Nägeln am Boden befestigt. Die zweite Girlande wird in der anderen Richtung ange-

bracht. Nun spießen Sie vier Äpfel auf, stecken die Spieße durch die Löcher im Boden und sichern sie von unten mit Korken. Zuletzt schlagen Sie den Pfosten in den Boden und setzen das Oberteil darauf. Pfosten und Oberteil werden von den Stützwinkeln zusammengehalten und können bei Bedarf wieder auseinander genommen werden.

Minihäuschen

Material

✦ Brett mit Nut und Feder, 50 cm lang, ca. 9 cm breit, 19 mm stark
✦ Sperrholz, 5 mm stark, 15 x 30 cm
✦ Holzleim, Nägel
✦ Ölsardinendose
✦ Farben
✦ Dachpappe
✦ 2 Krampen
✦ Lackfarbe in Rot
✦ Acrylfarbe in Mattgrün und Braun
✦ Klarlack

Anleitung

Dieses leichte Model macht sich sehr schön, wenn Sie es in einem Baum aufhängen. Es ist leicht und schnell gebaut, sodass Sie auch gleich mehrere davon, vielleicht zum Verschenken, herstellen können. Der Clou daran ist der trickreiche Mechanismus zum Herausnehmen der Futterdose. Das Minihäuschen ist aus dem Rest eines Bretts mit Nut und Feder gebaut. Kopieren Sie die drei originalgroßen Vorlagen, und verwenden Sie sie beim Anzeichnen als Schablonen. Achten Sie darauf, dass die Hälfte A an die Nut und die Hälfte B an die Feder des Brettes grenzen, damit die zwei Teile später zusammengefügt werden können. Schneiden Sie die beiden Hälften A und B zu. Sägen Sie auch gleich die inneren Ausschnitte aus, bevor die Hälften zusammengesetzt werden. Nun können Sie die Hälften per Nut und Feder zusammenleimen. Sie ergeben zusammen die Hauswand mit einem fensterartigen Ausschnitt. Sägen Sie jetzt auch das kleine Stützdreieck zu. Es wird nach dem Steckprinzip in den Schlitz unterhalb der Fensteröffnung gesteckt (siehe Zeichnung). Wenn die Klebestelle in der Hauswand getrocknet ist, können Sie das Dach hinzufügen. Sägen Sie die Dachhälften dem Vorlagebogen entsprechend aus 5 mm starkem Sperrholz zu. Zeichnen Sie die Position des Giebels auf den Innenseiten der Dachhälften an, und leimen Sie beide Hälften auf die Oberkanten der Giebelwand. Schlagen Sie zusätzlich einige Nägel ins Dach. Zuletzt wird die Futterdose – eine leere Ölsardinendose – vorbereitet. Vergewissern Sie sich, dass am Rand keine scharfen Blechkanten hervorstehen, an denen die Vögel sich schneiden könnten. Schlagen Sie einige Löcher in den Boden der Dose, damit gegebenenfalls Regenwasser ablaufen kann. Streichen Sie die Dose mit Lackfarbe an. Dann nageln Sie die Dose mit einigen breitköpfigen Messingnägeln mittig auf das Stützdreieck.

Nun können Sie die Futterdose mit Hilfe des Stützdreiecks zum Nachfüllen herausnehmen und danach wieder einsetzen. Der Steckmechanismus gewährleistet, dass die Futterdose stabil befestigt ist. Sie können die Dose entweder mit losem Körnerfutter oder mit Fettfutter (Seite 7) füllen.

Das Minihaus wird mit verdünnter mattgrüner Acrylfarbe lasierend angemalt, die Dachunterseite wird braun gestrichen. Danach werden alle Holzteile mit mattem Klarlack versiegelt.

Das Dach wird mit Dachpappe gedeckt. Ein Stück Dachpappe wird passend zugeschnitten, mittig vorgeknickt und festgetackert. Abschließend werden zwei kleine Krampen für die Aufhängung ins Dach geschlagen.